# DEFİNE ADASI

Robert L. STEVENSON

Batu Yayıncılık
M.E.B. Tavsiyeli İlköğretim
100 Temel Eserden Seçmeler Dizisi

**Kitabın Adı**
**ve**
**Yazarı**
DEFİNE ADASI
Robert L. STEVENSON

**Yayına Hazırlayan**
Çınar ER

**İç Düzen**
Cihan DALKIN
Özge YİĞİTER

**Kapak Tasarımı**
Nuray TOMAR

**Baskı ve Cilt**
Kelebek Matbaacılık Tel.: 0212 771 54 54

**Baskı Tarihi**
İstanbul, Ekim 2009

**ISBN**
975-9181-52-5

**BATU YAYINCILIK**
Atatürk Sanayii Bölgesi Dr. Mithat Martı Caddesi Nu.: 9
Hadımköy / İstanbul
tlf.: 0212 771 54 54 belgeç: 0212 771 54 68
www.batuyayincilik.com.tr

# DEFİNE ADASI

Robert L. STEVENSON

## KAPTAN BİLL BONES

Benim adım Jack Hawkins, ailemle birlikte Amiral Benbow hanını işletiyorduk.

Anlatacaklarıma belki inanmayacaksınız biliyorum, ama gerçekten yaşadım ben...

Bir öğleden sonraydı. Sağ yanağında derince bir bıçak izi olan iri yarı bir adam hanın kapısında belirdi. Benim de serüvenim böylece başlamış oldu.

Yüzünde yara izi olan adam, uzun boylu, iri yapılı birisiydi, üzerinde kirli bir denizci giysisi vardı.

Yağdan yapış yapış olmuş saçları yakasına dek uzanıyordu. Elleri yara içindeydi. Tırnakları uzun, içi pislik doluydu. Hanın kapısında durmuş, şöyle bir şarkı tutturmuştu:

— Ölünün sandığı başında tam on beş gemici. Yoo, hoo, hoo... Bir şişe de rom negrita...

Ben tezgâhın başında durmuş, bu tuhaf adama baka kalmıştım. Söylediği şarkıyı hiç duymamıştım.

Anlamını da bir türlü çıkaramıyordum. Garip adam, şarkısını bitirince elindeki demir çubukla kapıyı itti.

İçeriye girer girmez:

— Bana hemen bir rom, dedi. Babam romu hazırlayarak adama verdi.

Adam rom kadehini ağır ağır başına dikti. Ağzını şapırdatarak:

— Hımm, romunuz güzelmiş, diye konuştu. Bardağı tezgâhın üzerine koyarak, salonu incelemeye başladı. Beni ve temizlik yapmakta olan annemi süzdü:

— Hanınız güzel. Ayrıca çok sakin bir yere benziyor. Fazla müşteriniz de yok.

Garip tavırlı adam, aniden anımsamış gibi

beraberinde gelen adama dönerek, yanında getirdiği sandığı, kalacağı odaya çıkartmak için benden yol göstermemi istedi.

Ben, hamala yol göstererek kalacakları odanın kapısını açtım. Sandığı yerleştirmelerine yardım ettim.

Aşağı indiğimde, adam babamla konuşuyordu. Hanımızda bir süre kalacağını, yemek seçmediğini, ancak romu çok sevdiğini söylüyordu. Yatak ve yiyecek ücretini de peşin ödedi.

Adam, bir süre sustuktan sonra:

— Adımı merak ediyorsunuz değil mi? diye yeniden konuşmaya başladı.

— Bana 'Kaptan' deyin. Evet, sadece kaptan.

Adam, gerçekten bir kaptana benziyordu. Konuşması sert, oldukça kabaydı. Konuşurken hiç çekinmiyor, aklına geleni, sert ve emredici bir biçimde söylüyordu.

Kaptanın sandığını taşıyan adamın anlattığına göre, kasabaya bir gün önce gelmiş. Kasabadaki hanları gezmiş.

Hepsinin kalabalık olduğunu görünce, sakin bir han sormuş. Bizim hanı önermişler.

Kaptan hakkında bütün bildiklerimiz bunlardı. Bir süre sonra, Kaptanı yadırgamaz olduk. Sanki o da bizden biriymiş gibiydi.

Kaptan, günler geçtikçe sessizleşti. O çok konuşan adam gitmiş, yerini suskun birisi almıştı.

Elindeki dürbünle, hanın önündeki kayalığa çıkıyor, uzun uzun denizi inceliyordu.

Günlük gezilerinden dönüşünde, hana bir denizcinin gelip gelmediğini sormaya başlamıştı.

Olumsuz yanıt alınca derin derin iç geçirip suskunlaşıyordu.

Bir gün, hana girerken her zaman olduğu gibi bir denizcinin gelip gelmediğini sordu, O gün, hana gerçekten bir denizci gelmişti.

Masada oturan adamı gösterince çok heyecanlandı. Denizciyi uzun uzun inceledi. Tanımadığını anlayınca sessizce odasına çıktı. Kaptanın bu davranışına bir türlü anlam veremedim.

Kaptan, bir sabah beni yanına çağırdı. Çirkin ve kaba eliyle yanağımı okşayarak:

— Ayda bir gümüş para kazanmak ister misin? diye sordu.

Para, gerçekten çok iyiydi.

— İsterim, ama ne yapmam gerekiyor?

— Çok basit. Gözünü dört açacaksın. Hanın yakınlarında tahta bacaklı bir gemici görürsen hemen bana haber vereceksin. Anlaştık mı?

O günden sonra, hanın çevresinde tahta bacaklı bir gemici görmek için dikkatli olmaya başladım.

Bizim Kaptan ya bu tahta bacaklı adamı bekliyor, ya da bu gemiciden kaçıyordu. Ay başı olunca gümüş liramı aldım. Kaptan, tek bacağı tahta olan gemiciyi görür görmez haber vermem için sıkı sıkıya tembihte bulunmayı unutmadı.

Tek bacaklı gemici konusunu kimseye açmadım. Kaptanın konuşmalarında anlattığı tek bacaklı gemici konusu beni oldukça etkilemişti.

Gece rüyalarımda Tek Bacaklı Gemici beni uçsuz bucaksız tarlalarda kovalıyor, çevik adımlarla gittikçe yaklaşıyor görüyordum. Sonra, nefes nefese uykudan uyanıyordum.

Kaptan, gün geçtikçe sakinleşiyordu. Ama bazı akşamlar içkiyi fazla kaçırınca çekilmez oluyordu. Söylediği anlamsız şarkı, çevrede oturanları oldukça rahatsız ediyordu.

Kaptan, gecenin ilerlemiş saatlerinde başından geçen serüvenleri anlatıyordu. Bunlar, korkunç olaylardı. Kendisini dinleyen diğer müşteriler korkudan titriyorlardı. Ama Kaptanı susturmaya cesaret edemiyorlardı.

Çünkü Kaptan gerçekten çok güçlü kuvvetliydi. Kaptanın anlattıkları arasında, korkunç aslanlar, fırtınalar, dev deniz hayvanları vardı. İnsanın uykusunu kaçırmak için ne varsa Kaptanın anlattıklarında vardı.

Anladığım kadarıyla Kaptan; bu serüvenlerini ipten kazıktan kurtulmuş ne kadar insan varsa onlarla birlikte yaşamıştı.

Bizim küçük hanın müşterileri gün geçtikçe azalmaya başlamıştı. Kaptanın anlattıklarıı o kadar korkunçtu ki, köylüler bundan çok etkileniyordu.

Kaptan serüvenlerini anlatırken öylesine küfürlü sözcükler kullanıyordu ki, kendisini dinleyen köylüler kulaklarına kadar kızarıyorlardı.

Kendi aralarında fısıldamaları Kaptanı kızdırıyor, ağır küfür yemelerine neden oluyordu.

Bu durum bizim müşterilerin gittikçe azalmalarına yol açtı. Günler böyle geçip gidiyor, Kaptan handan bir türlü ayrılmıyordu.

Oda ve yemek parasını peşin ödüyordu. Ama handa genel bir huzursuzluk sürüyordu.

Gelen müşteriler, içkilerini hemen yudumlayıp Kaptanın konuşmasını beklemeden gidiyorlardı. Bir süre sonra hesabını zamanında ödemeyi alışkanlık hâline getiren Kaptan, istenilen parayı vermemeye başladı.

Zavallı babam Kaptandan para isteyince, küfürle karşılaşıyordu. Babam artık Kaptandan para istemez olmuştu. Borcu da gün geçtikçe kabarıyordu.

Handaki hava gittikçe gerginleşiyordu. Bu arada müşteriler Kaptanın tutumundan iyice rahatsız olmuşlardı.

Cesur olanlar Kaptanla kapışmaya bile başlamıştı. Babam, ortalığı yatıştırmak için çabalarken bir gün, ani olarak bir kalp krizi geçirdi.

Kaptan geldiği günden beri elbisesini hiç değiştirmemişti. Yırtık ve söküklerini kendisi onarıyordu. Bu arada yanında getirdiği kocaman ağır sandığı bir kez olsun açmamıştı.

Kış gelmişti. Her taraf lapa lapa yağan karla örtülmüştü. İnsanlar zorunlu olmadıkça dışarıya çıkmıyorlardı. Babam daha sağdı.

Ancak geçirdiği kalp krizinin etkisiyle yatağından kalkamıyordu. Ocak ayının dondurucu soğuğu her tarafı kaplamıştı. Güneş henüz yükselmemişti.

Kaptan, erkenden kalkmış, kumsala, denizci gözetlemeye inmişti. Elinde dürbünü, belinde eğik kalın kılıcı, uzun adımlarla kumsalda bir oraya, bir buraya gidip geliyordu.

Annem üst tarafta, babamın yanında onun ihtiyaçlarını karşılıyordu. Ben aşağıdaki salonda Kaptanın kahvaltısını hazırlıyordum. O sırada hanın kapısı açıldı, içeriye hiç tanımadığım birisi girdi.

Gelen adamı ilk kez görüyordum. Yüzü sapsarıydı. Kapıyı tutan elinin iki parmağı yoktu. Belinde bizim Kaptanın kılıcı gibi uzun bir kılıcı vardı.

Adamın sakin bir görünüşü vardı. Kaptan hana gelen giden adamların tahta bacaklı olup olmadıklarını tembih ettiği için gözüm adamın ayaklarına takıldı.

Dikkatimi çeken bir şey yoktu. Ayakları sağlamdı. Ancak yürürken bir tuhaf basıyordu.

— Birisini mi arıyorsunuz? diye sordum.

Benden bir konyak istedi. Hemen getirip verdim. O sırada bir masaya oturdu.

Kaptan için hazırladığım masayı işaret ederek:

— Bu masayı Bill için mi hazırlıyorsun? diye sordu.

— Bill de kim? diye karşılık verdim Ben bu masayı uzun süreden beri burada kalan Kaptan için hazırladım.

Yabancı adam:

— Ooo... Arkadaşım Bill'e Kaptan da denir. Yanağında kocaman bir yara izi var değil mi?

— Evet, efendim dedim.

Yabancı adam Kaptanın nerede olduğunu sordu. Sorarken yüzü korkunç bir şekil aldı. Çok korktum. Kaptana nasıl haber vereceğimi düşünmeye başladım. Adam benim düşüncemi anlamış gibi:

— Geç bakalım şuraya. Kaptana haber vermeye kalkma, diye sert bir biçimde emir verdi.

Adam, kapının hemen yanında duruyordu. Kaptanı beklerken, onu nasıl pusuya düşüreceğini planlıyor gibiydi. Az sonra Kaptan ağır adımlarla hana doğru inmeye başladı. Yabancı adam da Kaptanı görmüştü. Gülerek:

— İşte arkadaşım Bill geliyor, dedi.

Yabancı adam, bunları söyledikten sonra, kapının arkasına geçti. Kocaman eliyle kılıcının kabzasına sıkıca yapıştı. Ben iyice korkmuştum. Kaptan içeriye girerken kapıyı sertçe kapattı, kahvaltısını hazırladığım masasına doğru yürüdü. Yabancı adam sesini oldukça yükselterek:

— Bill! diye bağırdı.

Kaptan hızla dönüp sesin geldiği yöne baktı. Yüzü bir anda bembeyaz kesildi. Tıpkı hortlak görmüş gibi olduğu yerde sendeledi. Yabancı adam, bir adım atarak Kaptana yaklaştı:

— Beni tanımadın mı Bill? Diye sordu.

Kaptan:

— Kara Köpek! Sen Ha!

Yabancı, Kaptanın sözlerine tepki göstermeden:

— Başka kim olabilirdi?

Kaptan inanmamış gözlerle yabancı adamı süzüyordu. Bir taraftan da, Kara Köpek... Kara Köpek... diye kendi kendine söyleniyordu.

Yabancı adam, ağır ağır konuşmaya başladı.

— Uzun süredir seni arıyorum Bill.

Kaptan:

— Çabuk söyle ne istiyorsun benden diyerek yumruğunu masaya vurdu.

Yabancı adam, kendisine bir konyak daha getirmemi söyleyerek beni dışarı yolladı. Kendilerini izlemememi sıkı sıkı tembih etti. Söylenenleri yaptım. İçim içime sığmıyordu. Konuştuklarını duymak için nefes bile almıyordum.

Konuşmaları gittikçe kızıştı. Kaptanın bir ara ağır bir küfür savurduğunu duydum. Bir ara Kaptanın "Bu kadarı çok fazla. Ne yapalım asarlarsa assınlar. Asarlarsa assınlar!" diye bağırdığını işittim.

Ardından bir küfür daha duydum. Sonra bir gümbürtü koptu. Masalar, sandalyeler devrildi. Açılan sustalı çakının çelik şıkırtısını acı bir çığlık izledi.

Salona bakmaya cesaret ettim. Kara Köpek ardına bakmadan kaçıyordu. Kaptan da onu kovalıyordu. Anladığım kadarıyla ikisi birbirlerini bıçaklamışlardı.

Çünkü Kara Köpeğin omzundan kan fışkırıyordu. Kaptan Kara Köpeği kovalamaktan vazgeçip hana döndü. Eliyle duvara tutunurken, bana, "Bir konyak getir Jack!" diye seslendi.

— Yaralı mısın Kaptan? diye sordum.

Kaptan homurdanarak, "Çabuk getir konyağımı," dedi. Ben konyak getirmeye giderken, Kaptan gürültüyle yere yuvarlandı. Annem, benim bağırmam üzerine aşağıya indi. Birlikte Kaptanın başını kaldırmaya çalıştık. Gözleri sımsıkı kapalıydı. Boğazından garip sesler geliyordu. Annem de çok telaşlanmıştı:

— Eyvah, hanımız için çok kötü bir durum, üstelik baban da hasta yatıyor.

Getirdiğim konyağı Kaptana içirmek için çabalıyordum. Çaresizlikle ne yapacağımızı düşündüğümüz sırada babamı yoklayan doktor geldi. Doktor aynı zamanda kasabanın yargıçlığını da yapıyordu. Doktoru görünce çok sevindim.

Doktor, Kaptanı muayene etmeye başladı. Yarası yoktu. Bir sara krizi geçiriyordu. Sarası olduğunu bizden saklamıştı.

Ancak doktor bir keresinde sara krizi geçirirken görmüş ve tedavi etmiş. Doktor Kaptanın kolunu sıyırdı. Kaptanın kolunda bir sürü dövme vardı.

Bileği ile dirseği arasında ise, "İşte şans, Bill Bones'in umurunda mı?" gibi sözler düzgün bir şekilde yazılmıştı. Daha yukarılarda darağacına asılmış bir adamın resmi vardı. Doktor, işaret parmağını resmin üzerine koyarak:

— Demek adı Bill Bones'muş diyerek söylendi. Daha sonra Kaptanı tedavi etmeye başladı.

Kaptan, az sonra gözlerini açtı. Biraz rahatlamış, boğazından çıkan hırıltılar kesilmişti. Doktoru görünce dudaklarını buruşturdu. Beni görünce rahatladı, yerinden doğrulmaya çalıştı.

Kaptan:

— Kara Köpek nerede? diye sordu.

Doktor:

— Kara Köpek falan yok burada. Size içkiyi bu kadar çok içmemenizi söylemiştim. Az kalsın ölüyordunuz. Sizi güçte olsa kurtardım Bay Bones.

Kaptan itiraz ederek:

— Benim adım Bones değil, dedi.

— Adınız beni ilgilendirmiyor, dedi doktor.

Doktor, annemin de yardımıyla Kaptanı odasına çıkardı.

## KARA LEKE

Ertesi gün öğleden sonra Kaptanın odasına girdim. İlaçlarını verip bir şeye ihtiyacı olup olmadığını soracaktım. Beni görünce zayıf bir sesle:

— Ben buradan hemen gitmeliyim. Yoksa Kara Köpekten sonra Kara Lekeyi yollayacaklardır. Sen bilmezsin o aç köpekleri. Ellerindekileri harcarlar, ondan sonra başkasının biriktirdiklerine göz koyarlar.

Kaptanın bu sözlerinden hiç bir şey anlamamıştım. Onu şaşkınlıkla dinlediğimi görünce:

— Onları gene atlatacağım, göreceksin, dedi.

Kaptan bunları söylerken yerinden doğrulmak istedi. Buna gücü yetmedi, üstünü örtmemi istedi. Dediklerini yaptıktan sonra:

— Bugün gelenin adı Kara Köpektir, Jack. Bundan daha kötüsü var. O da Kara Lekedir. Kara Leke beni burada buldu mu işimi bitirir. Bana yardım etmelisin Jack, dedi.

Ben Kaptana nasıl yardım edeceğimi düşünürken, Kaptan:

— Hemen doktora git Jack. Mademki doktor yargıçmış, ona söyle, Flint Babanın tüm adamlarını yakalasın. Ben onun yardımcısıydım.

O yeri benden başka bilen kimse yoktur. Sakın unutma, Kara Köpek, Kara Leke, Tahta Bacaklı Denizci gelirse hemen doktora haber vereceksin. Anlaştık mı?

Kara Leke ne demek oluyor Kaptan? diye sordum.

Kaptan:

— Bu aramızda kararlaştırdığımız bir paroladır diye, açıkladı. İş oraya geldiği zaman sana daha çok açıklamalarda bulunacağım. Sen bundan sonra gözlerini dört açacaksın. Sonunda seninle her şeyi eşit paylaşacağız, dedi.

Kaptan bir süre sonra derin bir uykuya daldı. O gece babam öldü. Bu olay da beni perişan etti.

Annemle yalnız kalmıştık. Hanın giderek artan sorunlarını ikimiz yüklenecektik. Buna mecburduk, geçimimizi han sağlıyordu.

## KAPTANIN SARA KRİZİ

Ertesi gün, babamı sade bir törenle gömdükten sonra hana döndük. Kaptan bu arada sara krizinden sonra içki içmeyi arttırmıştı.

Annemle hana geldiğimiz zaman iyice sarhoş olmuştu. Ayakta duracak hâlde değildi. Yine o anlamsız şarkısını söylüyor, etrafa küfürler yağdırıyordu.

Dışarıda hava oldukça soğuktu. Bastıran sis, etrafı görme olanağını da kısıtlamıştı. Bir ara hana doğru gelmekte olan birisini gördüm.

Adam elindeki sopayla sağa sola vurarak hana doğru yaklaşmaya çalışıyordu. İlk bakışta adamın kör olduğunu anladım, üstü başı perişandı. Elbisesi yırtıklar içindeydi.

Adamın görüntüsü tiksindiriciydi. Hanın hemen önünde durarak nerede olduğunu sordu. Ona biraz da korkarak cevap verdim:

— Amiral Benbow hanındasınız bayım. Size ne gibi yardımım dokunabilir?

Kör adam, sesine yumuşak bir ton vererek:

— Bu ne mutluluk! Genç bir centilmen sesi... Lütfen elimden tutarak beni içeriye alır mısınız?

Adamın çirkin görünüşüne rağmen, kibar bir beyefendi gibi konuşması, beni oldukça etkilemişti. Adama yardım etmeye karar verdim.

Elini tutarak handan içeri girmesini sağlamaya çalıştım. Eli, elimi öylesine kavramıştı ki, kurtulmam olanaksızdı.

Yürürken elimi daha da kuvvetli sıktığını fark ettim. Bu arada sesindeki yumuşak ton kaybolmuş, yerini emredici bir ton almıştı.

"Haydi, bakalım delikanlı hiç oyun oynamaya kalkma. Beni doğruca Kaptanın yanına götür."

Çok korkmuştum. Kaptanın anlattıkları aklıma geldi. Kör adama atlatmaya karar verdim:

— Saygıdeğer efendim, sizi Kaptanın götürmeye korkarım, dedim.

Adamın davranışları gittikçe sertleşiyordu. Elimi daha da sıkmaya başladı. Canım fena hâlde yanıyordu.

— Kolumu bırakın efendim, diye yalvardım. Kaptanı şimdi görmeseniz iyi olur. Şu anda sizinle konuşacak durumda değil. Elinden bir kaza çıkabilir, diyerek adamı ikna etmeye çalıştım.

Kör adam:

— Ben ne diyorsam onu yap. Beni Kaptanın yanma götür, diye emretti.

Adamın sesi çok ürkütücüydü. Başka bir şey yapamayacağımı anladım. Adamı hanın içine doğru götürdüm.

Kaptan salonun köşesindeki masaya oturmuş, içkisini yudumluyordu. Çok içtiği hemen belli oluyordu.

Kör adam, kulağıma eğilerek:

— Kaptanı görünce, benim yüzümü ona doğru çevireceksin. Sonra da, "Bir arkadaşın geldi Bill!" diye bağıracaksın, dedi.

Adamı Kaptanın karşısına getirdikten sonra, "Bir arkadaşın geldi Bill!" diye bağırdım.

Öylesine heyecanla bağırmıştım ki, Kaptan neye uğradığını şaşırdı. Aynı anda sarhoşluğu kalmadı.

Yüzünün rengi önce sarardı, sonra bembeyaz oldu. Yerinden doğrulmaya çabaladı, başaramadı. Yüzünde büyük bir korkunun ifadesi belirdi. Kör adam, Kaptanın bu durumunu görür gibiydi, ürpertici bir sesle:

— Sakın kıpırdama Bill. Gerçi gözüm görmüyor ama bir sineğin bile kıpırdamasını hissederim.

Sonra bana dönerek:

— Küçük, Kaptanın sol elini bileğinden tut, benim sağ elime yaklaştır, dedi.

Kaptan da ben de korku ve dehşet içindeydik. Kör adamın bu arada, Kaptanın eline bir şey aktardığını gördüm. Kaptanın parmakları hemen kapandı.

Kör adam, "Eh, artık bu iş bitti," diyerek akıl almaz bir çeviklikle hanın kapısına doğru fırladı. Kapıdan dışarı çıktı, karanlık sokakların arasından gözden kayboldu.

Bir süre sonra Kaptan kendisine geldi. Gözleri yuvalarından fırlayacakmış gibi sağa sola bakınmaya başladı. Sonra yerinden fırlamak istedi. Elini boğazına götürdü, olduğu yerde çırpınmaya başladı. Sonra kasılıp kaldı.

Annemi yardıma çağırdım. Kaptanın nabzını tuttum, atmıyordu. Kaptan ölmüştü. Bu üç gün içinde gördüğüm ikinci ölüm olayıydı. Hıçkırarak ağlamaya başladım.

Annemle ben Kaptanın cesedi başında bir süre öylece kaldık. Neden sonra, Kaptanın bana anlattıklarını anneme söyledim. Annem çok heyecanlanmıştı.

Hemen komşularımızdan yardım iste-memiz gerektiğini söyledi. Ben yardım istemek için handan çıkarken annem de benim arkamdan koşturarak gelmeye başladı.

Köyün ilk evlerinin kapısına vurarak yardım istedik. Ancak komşularımız bize gereken ilgiyi göstermediler. Biz de çaresiz hana geri döndük.

En büyük korkumuz, Kaptanı arayan Kara Köpekle, diğer korsanların gelmesiydi. Elimizi çabuk tutmamız gerekiyordu.

Hana geldiğimiz zaman Kaptanın cesedi yerde boylu boyunca yatıyordu.

Annem iyice görünmesi için baş ve ayakucuna bir mum yakarak koydu. Hanın kapısını sıkıca kilitledim. Kaptanın bize olan borcu oldukça kabarmıştı.

Ölmüş bir adamın nesini alacağız diye düşünürken, aklıma odasındaki sandık geldi.

Belki sandığında borcunu karşılayacak bir şeyleri vardı. Bu düşüncemi anneme söyledim. Birlikte sandığın bulunduğu odaya çıktık.

Sandık yatağın hemen yanında duruyordu. Hiçbir özelliği olmayan sandığın üzerinde büyükçe bir (B) harfi işlenmişti.

Uzun süre kullanıldığı ilk bakışta belli oluyordu. Sandığı açmak için uğraşmaya başladık. Ancak odanın her tarafını aramamıza rağmen anahtarı bulamadık.

Annem anahtarın Kaptanın üzerinde olabileceğini söyledi. Kaptanın ceplerini aradım, anahtara benzer bir şey yoktu. Boynunda asılı olabileceğini düşündüm.

Gerçekten de bir iple boynuna asılı bir anahtar vardı. Bıçakla ipi keserek anahtarı aldım. Annem anahtarı benden alarak kilide soktu. Çok heyecanlanmıştım. Kaptanın özenle sakladığı sandığın içindekileri çok merak ediyordum.

Annem anahtarı birkaç kez zorladı. Kilit kullanılmaya kullanılmaya paslanmış olmalıydı. Bir kez daha denedikten sonra sandık açıldı.

Sandığın kapağı açılır açılmaz keskin bir tütün kokusu genzimi yaktı.

Sandığın üst tarafında özenle ütülenmiş ve katlanmış birkaç takım elbise duruyordu. Bunların hiç giyilmedikleri belli oluyordu.

Giysilerin altında çok güzel iki tabanca, gümüş bir maşrapa, tütün keseleri çıktı. Sandığın dip tarafında bir gemici pelerini vardı. Annem bunu kaldırıp attı.

Pelerinin altından bir naylon torbaya sarılmış haritalarla bir kese altın vardı. Annem keseyi açarak Kaptanın borcu kadar altın almak istiyordu.

Bense altınları ve haritaları alıp biran önce handan uzaklaşmak istiyordum. Altın paralar çeşitli ülkelere aitti.

Aralarında İngiliz altını çok azdı. Annem paraları sayarken dışarıda kör adamın baston sesine benzer bir ses duydum.

Duyduğum ses beni yanıltmamıştı. Pencereden dışarı baktığım zaman kör bir adam, yanında birkaç kişi, hana doğru geliyordu.

Anneme hemen altınları alarak kaçmamızı söyledim. Arka kapıdan hızla çıkarak yakınlarda bulunan köprünün altına sığındık.

Annem heyecandan soluk soluğaydı. Az sonrada bayıldı. Annemi köprünün ayaklarına iyice gizledim.

## KÖR ADAMIN SONU

Merakım korkumu yenmeye yetti. Köprünün altında hiç bir şey görme den beklemek beni sıkmıştı.

Sürünerek yakınımda bulunan küçük bir tepeye tırmandım.

Buradan hanın kapısı olduğu gibi görünüyordu.

Kör adam yanındaki kişilere kapıyı açmaları için emirler yağdırıyordu.

Anladığım kadarıyla bu adamı çok sayıyorlardı.

Bizim hanın kapısı oldukça sağlamdı. Çok uğraşmalarına rağmen açamıyorlardı.

Kör adam kapının kırılmasını emretti.

Adamlar kapıyı kırmak için çalışmaya başladılarsa da başarılı olamadılar.

Bu arada kör adam öfkesinden kudurmuş gibi elindeki bastonu sağa sola sallıyor, Kaptana küfürler yağdırıyordu. Az sonra kapıyı açarak içeri girdiler.

Kör adam dışarıda durmuş, içeri giren adamlarına, sandığı bulmalarını emrediyordu.

İçeri girenler, kör adama seslenerek Kaptan Bill'in öldüğünü duyurdular.

Kör adam bunu duyunca çirkin sesiyle ağır bir küfür savurdu. Üst kata çıkan adamlar sandığı açılmış bulunca kör adama haber verdiler.

Kör adam sandıktaki altın paralardan çok torbadaki haritalarla ilgileniyordu.

Adamları o torbayı bulmaları için sıkıştırıyordu. Bu sırada keskin bir ıslık sesi duyuldu. Bu, gözcü olarak bıraktıkları adamın verdiği işaretti.

Herhâlde gelenler vardı. Islığı duyan adamlar ürktüler. Buna rağmen kör adam torba içindeki haritaların bulunmasını istiyordu.

Bu sırada ikinci kez, keskin bir ıslık sesi duyuldu.

Kör adam bu sese de ilgisiz kaldı. Ancak arkasından bir el tabanca ateşlenince hanın içine girmiş olan adamlar hızla dışarı fırladılar.

Kör adam bunları engellemek istediyse de başarılı olamadı. Adamlar dört bir tarafa doğru kaçışmaya başladılar.

Az sonra kasaba gümrük komutanı, adamlarıyla hanın önüne doğru dörtnala gelmeye başladı.

Gümrükçülerden biri karanlıkta kör adamı göremeyince çiğnedi. Kör adam yerde kanlar içersindeydi.

Ben gümrükçüleri görünce sevinçle bulunduğum yerden fırladım.

Koşarak gümrük komutanının yanına geldim, başımdan geçenleri bir bir anlattım.

Komutan bu adamları uzun süreden beri izlediğini, ancak bir türlü yakalayamadığını söyledi.

Kaptanın sandığında bulduğum haritaları bölge yargıcı olan Doktor Livesey'e vermemi söyledi.

## HARİTALAR

Annemi bulunduğu yerden heyecan ve korkudan hâlâ kendisine gelememişti.

Gümrükçülerin atına yerleştirerek Doktorun evine doğru yol almaya başladık.

Doktorun evine geldiğimizde pencerelerinde ışık yoktu. Kapıyı çaldım, doktorun hizmetçisi açtı.

Doktorun evde olmadığını şatoda Kontla birlikte yemek yediğini söyledi.

Kont çok önemli bir kişiydi. Kasabanın tüm toprakları Kontundu.

Halk tarafından çok seviliyordu. Kontun şatosuna gitmeye karar verdim.

Uzaktan şatonun görkemli kuleleri görünmeye başlamıştı. Ben başımdan geçenleri bir defa daha düşünürken, nöbetçiler bizi bekletmeden Kontun huzuruna çıkarttılar.

Gerçekten de Doktor ve Kont yanlarında dostları olduğu hâlde yemek yiyorlardı.

Gümrük komutanı kontu ve doktoru saygıyla selamladıktan sonra, benim başımdan geçenleri anlattı.

Kont ve Doktor, komutanın sözünü kesmeden ilgiyle dinlediler. Kont:

— Bravo küçük. Sen gerçekten kahramansın, diyerek, beni övdü.

Doktora, haydutların ısrarla aradıkları haritaları verdim, bunları inceledikten sonra cebine yerleştirdi.

Doktor, Konta dönerek:

— Sen bu Flint'i tanırsın değil mi? diye sordu.

Kont:

— Nasıl tanımamam. Kanlı bir korsandır. Bu Flint'in eli çok kana bulanmıştır. İspanyol gemiciler ondan çok korkarlar, dedi.

Kont ve Doktor çok heyecanlanmıştı. Bu heyecanlarına ben de katıldım. Anlattıklarını ilgiyle izliyordum:

Bir gün gezideydim, diyerek konuşmasını sürdürdü kont. Bindiğim gemi rom yüklüydü. Bir ara Flint'in gemisini uzaktan gördük.

Korkumuzdan hemen en yakın limana sığınarak canımızı ve malımızı kurtardık.

Konuşmalar böyle sürerken bir sessizlik oldu. Doktor, Konta dönerek:

— Sayın kont, Jack'ın getirdiği haritaları inceleme zamanı geldi. Bundan kimseye söz etmeyeceğinize yemin eder misiniz? diye sordu.

Kont, bütün kutsal bildiği şeylere yemin ettikten sonra, Doktor muşambayı keserek içindeki haritaları çıkardı.

Haritalar bir defter hâline getirilmişti. Defterin ilk sayfasında anlamsız bazı karalamalar vardı. Karalamalar Kaptanın kolundaki dövmelere çok benziyordu. Bunlar bölük pörçük karalamalardı.

"Bill Bones'in umurunda mı?"

"Rom bittik artık."

"Mr. Bones, İkinci Kaptanı "Palm Key" açıklarında hakladı."

Doktor bu sözcüklerden bir anlam çıkaramadı.

Diğer sayfaları çevirmeye başladı. Bu sayfalarda da soyulan gemilerin adlan, nerelerde soydukları, çeşitli enlem ve boylam hesaplan vardı.

Defterin orta yerinde pek çok yeri bal mumu ile mühürlenmiş kısımlar vardı.

Doktor mühürleri dikkatle açtı. Kâğıdı zedelemeden masanın üzerine yaydı.

Ortaya çıkan şekil kocaman bir ada haritasıydı. Ada dokuza beş mil büyüklüğündeydi.

Görünüşü, korkunç bir ejderhaya benziyordu. Oldukça geniş iki limanı vardı ve limanların arasında teleskop adı verilen bir tepe yer alıyordu.

Haritaların üzerinde çeşitli zamanlarda düzeltmeler ve çalışmalar yapılmıştı.

Bu düzeltmelerin en belirgini kırmızı mürekkeple çizilmiş, üç adet çarpı işaretiydi. İşaretlerden biri adanın güneybatısında, ikisi de adanın kuzeyindeydi.

Güneybatıdaki çarpının yanına bozuk bir yazıyla, "Definenin çoğu burada" cümlesi yazılmıştı. Kâğıdın arkasında ise:

"Ulu ağaç, teleskop omuzu, bu yönden çeyrek kuzeydoğu. İskelet adası, çeyrek güneydoğu. On ayak.

Gümüşler kuzeydeki yerde. Doğu sırtı doğrultusunda, kara kayanın on kulaç güneyinde.

Silahlar kolay yerde. JF" Bütün bu yazılanlardan bir anlam çıkaramamıştım. Doktor ve Kont bu yazılara çok önem vermişlerdi.

Kont yerinde duramaz olmuştu. Koca salonu adımlıyor, bir taraftan da avucunu ovuşturarak:

— Üç hafta içinde İngiltere'nin en güçlü ve en güzel gemisi emrimizde olacak, diye söyleniyordu.

Doktor, beni göstererek:

Haydutların bana bir zarar vermesinden korktuğum için şatodan dışarı çıkmıyordum.

Bütün gün bahçede dolaşıp, geleceğimle ilgili düşler kuruyordum.

Günlerim böyle gerçekten bir gün Konttan bir mektup geldi.

Kont Doktora yazmıştı mektubu, ancak Doktor henüz dönmediği için mektubu ben açmak zorunda kaldım.

Kont mektubunda, çok güzel ve güçlü bir yelkenli gemi bulduğunu, donanımının yenilendiğini, denize oldukça dayanıklı bir tekne olduğunu yazıyordu.

Kont, gemici bulmakta güçlük çektiğini

ancak bunun da üstesinden geldiğini bildiriyordu.

Hâlen Bristol'de bir han işleten eski ve usta bir denizci olan John Silver'i baş tayfa olarak gemisine aldığını, Silver'in yardımlarıyla iyi denizciler bulabileceğini belirtiyordu.

Kont, benim de yol hazırlığına başlamamı birkaç gün içinde sadık adamlarından Redruh'la yola çıkmamı istiyordu.

Kont, Bristol'a gitmeden önce adamlarına gerekli emri vererek hanın yeniden onarılmasını emretmişti.

Gerçekten de han çok güzelleşmiş, Kaptanın ölümünden sonra müşteriler de artmıştı.

Anneme veda ederek yola çıktım. Yanımda Kontun adamı Redruh vardı.

Sakin bir yolculuktan sonra sabahın erken saatlerinde Bristol'a vardık.

İlk kez büyük bir kent görüyordum. Geniş caddeleri, yüksek binaları vardı. Kont, limana yakın bir handa yer ayırtmıştı.

Eşyalarımızı yerleştirdikten sonra limana indik. Kont bizi gemici giysileri içinde karşıladı.

Önceki akşam Doktorun da geldiğini söyledi. Ekibimiz tamamdı. Yarın sabah erkenden demir alacağımızı müjdeledi.

tığı kadar bağırarak yakalamalarını istedim. Kara Köpek ok gibi yerinden fırlayarak kaçtı.

Silver birkaç adamını arkasından gönderdiyse de yakalayamadılar.

Limandan epey açıkta demirleyen gemimizin adı "Hispaniola" idi. Gemiye çıktığım zaman kont beni İkinci Kaptan Arrow'la tanıştırdı.

Kaptan Arrow, şaşı bakışlı, kulağı küpeli çirkin bir adamdı. Çok sevimsiz birisiydi.

Geminin Kaptanıyla, İkinci Kaptan Arrow'un yıldızları hiç barışık değildi. Kaptan, bunu konta açık açık söylemekten çekinmedi.

İkinci Kaptan Arrow tayfalarla çok samimiydi ve onlarla durmadan içki içiyor eğleniyordu.

Bu durum Kaptanın hiç hoşuna gitmiyordu.

Kaptan, Kontun define aranacağın açıklamasını da garipsemişti.

Bu konunun çok gizli kalmasını savunuyordu. Ayrıca define haritasının da çok iyi saklanması gerektiğini söyledi.

Tayfalar bütün gece durmadan çalıştılar. Sabahın ilk ışıkları belirmeye başlayınca yelkenli demir aldı.

Bu sırada tayfalar, ölen Kaptanın dilinden düşürmediği şarkıyı söylemeye başlayınca ürperdim.

Yolculuğumuz sırasında John Silver'le çok iyi dost olduk.

Silver'i çok iyi tanıyan bir tayfanın anlattığına göre, gençlik yıllarında iyi bir öğretim görmüş. Çok da güçlü, kuvvetliymiş.

Gemicilerin hepsi Silver'e çok saygı duyuyorlardı. Silver de güzel yemek yapıyordu.

Silver'in papağanının durmadan "Altın, altın" diye bağırması Doktoru oldukça rahatsız ediyordu.

Gemide herkes yaşantısından memnundu. Ancak ikinci Kaptan Arrow çok içiyor, sarhoş olduktan sonra herkese sataşıyordu.

Fırtınalı bir günde Arrow ortadan yok oldu. Tayfalar, Arrow'un sarhoş olup denize düştüğünü söylediler.

## FIÇI İÇİNDE DUYDUKLARIM

Bir akşam uykum kaçmıştı. Bir şeyler atıştırmak için güverteye çıktım. Güvertedeki elma fıçısından bir elma almak istedim.

Fıçıda elma kalmamıştı. Dip tarafında birkaç tane gözüme çarptı, onları almak için fıçının içine girdim.

Tam o sırada birisi fıçıya dayanarak yanındakiyle konuşmaya başladı. Bu tanıdık bir sesti. Fıçıdan çıkmadan, konuşmaları dinlemeye başladım.

Konuşan, John Silver'di. Defineyi bulduğumuz zaman Kontu, Doktoru ve beni öldürüp altınları kendisinin alacağını ve aralarında paylaşacaklarını söylüyordu. Şimdi anlamıştım.

Kaptanın sözünü ettiği tek bacaklı denizci, John Silver'den başkası değildi.

Duyduklarımı Kont, Doktor ve Kaptana anlattım. Önce inanmadılar. Sonra Silver'e bir oyun oynamayı plânladılar. Bu sırada gözcü karanın göründüğünü bağırıyordu.

Adanın açıklarına demirledik. Kaptan tayfaları toplayarak daha önce bu adaya gelen olup olmadığını sordu.

Silver öne çıkarak daha önce adaya geldiğini bildirdi. Kaptan elindeki haritayı Silver'e uzattı. Silver haritayı kaparcasına aldı. Üzerinde çarpı işaretlerini aradı. Bulamayınca suratını astı.

Kaptan, güzel bir hileye başvurmuştu. Define adasının bir benzerini yapmış, ancak, definenin yerini işaretlememişti.

Kont, Doktor ve Kaptan, gemide bulunan 26 tayfadan hangilerinin bizim tarafımızı tuttuğunu öğrenme görevini bana verdi.

Gemi uzun manevralardan sonra adaya

yanaşabildi. Kaptan bir güvenlik önlemi olarak Silver'le iyi geçinmek gerektiğini savundu.

Hatta tayfaların dinlenmeleri için adaya çıkmaları için izin verdi. Benim de onlarla beraber gitmemi, gizlice onları izlememi istedi.

## FİLİKALARLA ADAYA ÇIKTIK

Ben, Silver ve adamları, filikalarla adaya çıktık. Ben, adayı yalnız başıma dolaşacağımı söyleyip yanlarından ayrıldım. Amacım, onları gizlice izlemekti. Bir süre adayı dolaştım. Yanlarından fazla ayrılmak istemiyordum.

Bir bataklığı geçerken bazı konuşmalar kulağıma geldi. Ses Silver'in sesiydi. Karşısındaki tayfanın adı ise Tom'du. Silver, Tom'u kendi taraflarına çekmek istiyor, Tom da bu öneriyi kabul etmiyordu. Ben gizlendiğim yerden aralarındaki tartışmayı nefes almadan dinliyordum.

Bu sırada bir çığlık duyuldu. Tom bu çığlığın kime ait olduğunu Silver'e sordu. Silver bunun kendilerine karşı çıkan Alan'ın sesi olduğunu söyledi. Az sonra bıçağını çekerek Tom'u da gözünü kırpmadan öldürdü.

Çok korkmuştum. Kaçarak uzaklaşmaya başladım. Biran önce gemiye ulaşmak istiyordum. Sık çalılıklar arasında kendime yol bulmaya çalışırken, sırtı ve göğsü kıllarla kaplı, üstü başı perişan iri yarı bir adam önümü kesti.

Belimdeki tabancayı çekerek adama doğru yaklaşmaya başladım. Adam elimdeki tabancayı görünce ürktü. Korkarak birkaç adım geriledi. Kendisini vurmamamı istedi.

Adının Benjamin Gunn olduğunu söyleyen adam, kendisinin ceza olarak bu adaya bırakıldığını anlattı. Kaptan Flint'in adamı olduğunu savunan Gunn, handa ölen Kaptan ile John Silver'i çok iyi tanıdığını da söyledi.

Benjamin Gunn, Korsan Flint'in gemisinde uzun yıllar tayfalık yaptığını, daha sonra ayrıldığını anlattı. Gunn, bir ticari gemide ikinci kaptanlık yaptığı sırada adaya geldiğini, Korsan Flint'in definesini aradıklarını, ancak bulamadıklarını da söyledi.

Bu duruma sinirlenen diğer gemiciler, onu yanına gerekli birkaç eşya bırakarak, adada yaşamaya mahkûm etmişler. Gunn bana bunları anlatırken bir top sesi adanın tepelerinde yankılandı. Heyecanla kıyıya doğru koşmaya başladık. Bu sırada uzaktan uzağa tüfek sesleri de geliyordu.

Ben tayfalarla adaya çıktığım sırada, Dr. Livesey o gün olan olayları yazmıştı. Size bunları aktarmak isterim:

"Sandallar gemiden ayrıldığı sırada saat iki olmuştu. Kaptan, Kont ve ben kamarada oturmuş konuşuyorduk.

Planımız oldukça basitti. Uygun bir rüzgâr çıktığı an hareket etmek üzere hazır bekleyecektik. Gemide kalan altı tayfayı bağlayıp hemen hareket edecektik.

Biz bunları düşünürken, Hunter, Jack Hawkins'in gemicilerle birlikte adaya çıktığını söyleyince neye uğradığımızı şaşırdık.

Hiç birimiz Jack'dan kuşkulanmıyorduk. Ama gemiciler o kadar sinirliydiler ki; Jack'ı görür görmez öldürecekleri kuşkusuzdu. Zavallı çocuk adayı çok görmek istiyordu ve bu hayatına mal olacaktı.

Hunter'la birlikte karaya çıkmaya karar verdim. Adaya çıktık. Sahilde iki kayık yan yana duruyordu. Başında da iki nöbetçi vardı. Anlaşılan böyle kararlaştırmışlardı. Karaya çıkar çıkmaz yürümeye başladım. Nöbetçilere aldırdığım yoktu.

Yüz metre yürüdükten sonra kaleye geldim. Burası sözün gelişi kaleydi. Kalenin yanında bir su kaynağı vardı. Kale kütüklerden yapılmıştı. Duvarlara tüfekler için mazgal oyulmuştu.

Çevresi iki metre yüksekliğinde bir duvarla korunuyordu. Beş on kişi yeterince cephane ve yiyecekle burada günlerce savaşabilirdik. Ben bunlar düşünürken acı bir çığlık duydum. Bu sesin Jack Hawkins'e ait olduğunu sanıyordum. Zavallı çocuk kanlı korsanların eline düşmüş, onlar da acımasızca öldürmüşlerdi.

Artık yapacak bir şey yoktu. Bir an önce gemiye dönmeliydim. Kaptan ve Kont beni heyecanla karşıladı. Çığlığı onlar da duymuşlardı. Adada gördüklerimi ve planımı Kaptana anlattım. Aramızda görev bölümü yaptık.

Gemide kalan tayfaları topladım. Onlara bizimle birlik olmalarını önerdim. Aksi hâlde düşünmeden tabancalarımızı ateşleyebileceğimizi anlattım.

Kendi aralarında konuştular. Bir süre sonra bizi tuzağa düşürmeyi amaçlayacak girişimde bulundular. Eli silahlı adamlarımızı görünce bundan vazgeçtiler. Biz de elimizden geldiğince kayığı yüklüyorduk. Daha sonra kayığa binerek kıyıya doğru ilerlemeye başladık.

Kıyıdaki nöbetçiler bizi görünce Silver'e haber vermek için içlere doğru koşturmaya başladılar.

Biz buna rağmen işimizi aksatmadık. Gemiyle kıyı arasında bir sefer daha yaptım. Bu kez yanıma Hunter'ı almıştım. Onu kaleye bıraktım.

Böylece kalede iki adamımız bol cephane ve yiyeceğimiz vardı. Savaşa hazır bir duruma gelmiştik.

Gemiye yeniden döndüm. Kont kayığın yüklenmesine yardım ediyordu. Alamadığımız barut ve yiyecekleri denize döktük. Kayığa Kont ve Kaptan da binmişti. Kaptan kayıktan, gemide bulunanlara seslenerek kendileriyle birlikte davranmaları çağrısını yaptı. İçlerinden Garay adındaki tayfa olumlu yanıt verdi.

Bizimle birlikte geleceğini söyledi. Diğer arkadaşlarının elinden zorla kurtularak kayığa bindi. Diğerlerinden herhangi bir tepki gelmedi.

Usulca gemiden ayrılmaya başladık. Bu sırada deniz alçalmaya başlamıştı, yükümüz de oldukça ağırdı. Kayık yükün ağırlığından dolayı su almaya başladı. Kımıldamadan akıntıya kapılan kayığın yol almasını izliyorduk.

Bu sırada gemideki korsanlar topun örtüsünü çıkartıp, ateş etmeye hazırlanıyorlardı. Topa ait barut ve gülleleri denize atmayı unutmuştuk. Garay, Korsan Flint'in yanında uzun süre çalışan İsrael'in keskin nişancı olduğunu söyleyince korkumuz iyice arttı.

Kont elindeki tüfekle topu nişanlayana doğru bir el ateş etti. Ancak nişancıyı vuramadı. Bu sırada topu da ateşlemişlerdi. Gülle vınlayarak üstümüzden geçti.

Kayığın birkaç metre ilerisine düştü. Havaya fışkıran su sütunu kayığımızın batmasına neden oldu.

Önemli ölçüde barutumuz ve yiyeceğimiz denize döküldü. İşin kötü yanı, tüfeklerin çoğu kaybolmuştu. Yalnız ben ve Kaptan kayık alabora olurken elimizdeki tüfeklerimizi tutmayı başarmıştık.

Kıyıya ulaşınca var gücümüzle kaleye

doğru koşmaya başladık. Karada bulunan korsanlar da ne yapacaklarını şaşırmışlardı; toparlanmaları uzun sürmedi.

Biz bu sırada kaleye varmıştık. Soluklanmadan ateş etmeye başladılar. Onlar açıktaydı ve iyi hedef oluyorlardı. Aralarından birisi vuruldu. Korsanlar bizim ateşimizden korkarak çekildiler. Böylelikle biraz rahatlamıştık. Bu sırada bir tabanca sesi duyuldu. Mermi başımı sıyırarak arkamda bulunan sadık adamımız Redruh'a saplandı. Acıyla bağırarak yere yuvarlandı. Redruh ölmüştü. Kont hıçkırarak ağlamaya başladı. Bir süre sonra da sakinleşti.

Daha sonra Redruh'un ceplerini boşaltmaya başladı. Aman Allahım, ceplerinden neler çıkmıyordu ki; bir bayrak, İncil, kâğıtlar, kalemler... Bayrağı hemen direğe astık. Kaptanla Kontun bu manzara karşısında gözleri yaşardı.

Az sonra kalenin üzerinden bir gülle uçtu. Karavana atmaya devam ettiler. Ellerinde az bir barutları kalmıştı. Ben bayrağı indirmemizi önerdim.

Korsanlar ona nişan alıyorlardı. Bu önerim Kaptan ve kont tarafından geri çevrildi.

Bayrağın direkte dalgalanması hepimize cesaret veriyordu. Ağaçların olduğu yerden bir ses duyduk. Evet, gelen Jack Hawkins'di. Şükürler olsun yaşıyordu.

## BENJAMİN ÇOK HEYECANLANDI

Bayrağı görünce Benjamin çok heyecanlandı. Ben bunu korsanların çekmiş olacağını düşünüyordum.

Benjamin, korsanların İngiliz bayrağı çekmeyeceklerini savunuyordu. Ama kaleyi Korsan Flint'in yaptırdığını da söylüyordu; bu da beni iyice endişelendiriyordu.

Benjamin beni; kaledekilerin bizden yana olduğuna inandırdı. Ben de koşarak duvarı aştım.

Kaleyi iyice incelemeye başladım. Aslında oldukça ilkel bir yapıydı. Durumumuz parlak değildi. Birkaç gün daha dayanabilirdik.

Karamsarlığa kapılmıştık. Doktor ve Kont bana Benjamin'in nasıl bir insan olduğunu sorup durdular. Elimden geldiğince bu garip adamı anlatmaya çalıştım.

Aramızda durum değerlendirmesi yaptığımız bir sırada, ağaçlar arasında elinde beyaz bayrak bulunan birisi göründü. Bu John Silver'den başkası değildi.

Umuda kapılarak, korsanların teslim olacaklarını varsaymaya başladık. Silver, kalenin duvarlarına yaklaşırken Kaptan silahları ateşe hazır durumda tutmamızı istedi.

Silver, yanındaki adamla duvarın dibine kadar gelerek, Kaptanla konuşmak istediğini söyledi. Kaptan mazgaldan başını uzatarak Silver'in ne istediğini sordu.

Silver, definenin haritasını kendilerine vermemizi istiyor, buna karşılık bizi, insanların yaşadığı en yakın limana götüreceğini öneriyordu.

Kaptan, Silver'in bu önerisini sert bir biçimde geri çevirdi. Silver tehditler savurarak geldiği yere döndü.

Kaptan korsanların her an saldırıya geçebileceklerini varsayarak, dikkatli olmamızı istedi.

Gerçekten de az sonra saldırıya geçtiler. Korsanlar bir maymun kadar çeviktiler.

Bir taraftan ateş ederken, diğer taraftan duvarı aşmaya çalışıyorlardı. Altı, yedi korsan duvarı aşmayı başardılar.

Biz de elimizdeki tüfekleri bırakarak korsanlara kılıçla karşı koymaya başladık.

Kalenin ortasındaki ocak çatışma sırasında sönmüş; ortalığı yoğun bir duman kaplamıştı.

Bu nedenle kimin kiminle savaştığı belli olmuyordu. Ben de elime geçirdiğim bir kılıçla korsanlara karşı koymaya başladım.

Az sonra ortalık yatıştı. Zafer bizim olmuştu. Sağ kalan beş korsan arkalarına bakmadan kaçıyordu.

Başlangıçta on dokuz korsana karşı yedi kişiydik. Şimdi ise dokuza karşı dört kişi kalmıştık. Çarpışma sırasında Hunter de ölmüştü.

Korsanların bu yenilgiden sonra kolay kolay toparlanıp bize saldıracaklarını beklemiyorduk. Ancak, her ihtimale karşı uyanık davranmak zorundaydık.

Doktor ve Kont, ormanlık bölgede nöbet tutuyorlardı. Ben kalenin içinde kalmıştım. Canım da oldukça sıkılıyordu.

Bir şeyler yapmam gerekiyordu. Bunları düşünürken aklıma geminin iplerini kesmek fikri geldi. Akıntıya kapılan gemi korsanların işine yaramazdı. Bizi nasıl olsa almaya gelecek bir gemi vardı.

Bristol'den hareket etmeden önce Kont bir gemi kiralayarak, belli bir süre geri dönmememiz hâlinde, bizi aramaya çıkmalarını sağlamıştı.

Bu düşüncemi kimseye açmadım. Akşamın olmasını bekledim. Yanıma peksimet ve iki tabanca alarak kimseye görünmeden kaleden ayrıldım.

Benjamin'in sandalını kayalıkların altında buldum. Akıntının etkisiyle gemiye doğru hızla yaklaşmaya başladım.

Gemide kaç tane korsanın olduğunu bilmiyordum. Bu nedenle çok sessiz davranıyordum.

Gemiye bağlayan iplere yanaşınca bıçağımı çekerek kesmeye başladım. Gücümü dikkatlice kullanarak gemiyi bağlayan son ipi de kesmeyi başardım.

Bu sırada açık olan lumbozlardan sarhoş çığlıkları geliyordu. Aralarında kavga çıkmıştı. Birbirlerini öldürmeleri işime gelirdi.

Son ipi kesince gemi akıntının etkisiyle yerinden oynadı. Sarhoş denizciler bunun farkına varmadılar.

Gemi, kayıktan iyice açıldı. Derin bir nefes aldım. Gemiden kurtulmuştum. Bir süre kürek çektim.

Akıntı oldukça kuvvetliydi. Çok yorulmuştum. Kendimi kadere bırakarak derin bir uykuya daldım. Uyandığım zaman adanın kuzey açıklarındaydım. Gözlerimle ufku taradım.

Şaşkınlıktan az kalsın küçük dilimi yutacaktım. Gemi yelkenlerini şişirerek üzerime doğru geliyordu.

Bir süre yol alan gemi rüzgârın kesilmesiyle olduğu yerde kaldı. Sarhoş olan denizciler gemiyi idare edemiyorlardı.

Rüzgâr yeniden çıkınca büyük yelken şişti ve gemi yeniden yol almaya başladı. Rüzgâr estikçe gemi kendi kendine hareket ediyordu.

Gemi yeniden durdu. Birden gemiyi tek başına ele geçirme fikrine kapıldım. Adamlar nasıl olsa sarhoştu.

Aralarında çıkan kavgada yaralanan da olmuştu. Gemiyi kolaylıkla ele geçirebildim.

Küreklere asılarak gemiye doğru yaklaşmaya başladım. Açıkta sallanan bir ipe tutunarak güverteye tırmanmayı başardım. Yerler çok pisti. Günlerdir temizlik yapılmadığı belli oluyordu.

Güvertede bir denizci boylu boyunca yatıyordu. Dün akşamki kavgada aldığı yaraların sonucu ölmüştü.

Az ileride de dümenci Hands yatıyordu. Gerçi ağır yaralanmıştı ama nefes almasını sürdürüyordu.

Hands'in yanına yaklaşarak dürtükledim. Hands gözlerini aralayarak benden içki istedi.

Gemide bu iki korsandan başka kimsenin bulunmadığına emindim Hands bunu doğruladı Gemi artık benim kontrolümdeydi.

İçkinin etkisiyle Hands iyice kendisine gelmişti. Sert bir sesle dümene geçmesini istedim. Hands dediğimi yaptı.

Geminin burnunu, korsanların göremeyecekleri kuzey tarafına çevirmesini ve karaya oturtmasını istedim. Hands dediklerimin hepsini yaptı.

Gemi zararsız bir biçimde kumsala oturmuştu.

Hands'in yaralı olmasına rağmen beni öldüreceğinden kuşkuluydum. Bu yüzden oldukça dikkatliydim.

Boş bulunduğum bir sırada Hands yanında taşıdığı bıçağı bana savurdu. Bıçak omzumu sıyırarak direğe saplandı.

Bende hiç beklemeden tabancalarımı ateşledim. Hands bir böğürtü kopararak denize düştü.

Gemi ile kara arasındaki mesafe oldukça sığdı. Gemiden inerek karaya doğru yürümeye başladım.

Aldığım yara sızlamaya başlamıştı. Karaya çıktıktan sonra artık iyice tanıdığım adada kaleye giden yolu buldum.

Kaleden içeri girince horlayan insanların sesi kulağıma geldi.

Çok şükür, dostlarıma bir şey olmamıştı. Yaptığım iş Kaptanı çok kızdırmış olmalıydı.

Sabah olanları anlatırım düşüncesindeyken birdenbire, "Altınlar... Altınlar..." diye bağırıldığını duydum. Tüylerim diken diken oldu. Karanlıkta boğuk bir ses, "Kim var orada!" dedi.

Seslenen John Silver'di. Birkaç korsan daha uyanmıştı, üzerime çullanarak beni yakaladılar. Korsanlar beni hemen sorguya çekmeye başladılar.

John Silver, Doktor ve Kontun yanından kaçarak onlara sığındığımı sandı. Bu benim de işime gelmişti doğrusu.

Böylece dostlarımın başına ne geldiğini öğrenebilecektim.

Silver'in anlattığına göre, Doktor kendisine gelerek, kaleden çıkma koşuluyla definenin haritasını vereceğini, artık savaşmak istemediklerini söylemiş. Silver ve adamları bunu hemen kabul etmiş.

Doktor ve diğer dostlarımın sağ olması beni çok sevindirdi. Bir gün Doktor çıkageldi. Yaralı korsanların bakımını yaptı. Benim de korsanların yanında olduğumu görünce şaşırdı.

Baş başa kaldığımız bir sırada başımdan geçenleri anlattım. Gemiyi nerede sakladığımı söyledim. Doktor sakin olmamı ve Silver'in emirlerine uymamı tembihleyerek ayrıldı.

Silver gibi diğer korsanlar da defineyi bulmak için sabırsızlanıyorlardı. Bir sabah erkenden yola çıktık.

Korsanlar kendilerine ne gerekiyorsa yanlarına almışlardı. Tepeden tırnağa silahlanmayı da unutmamışlardı.

Adanın içlerine doğru yol aldık. Haritada işaretli yeri bulmak için Silver pusula kullanıyordu, uzun aramalar korsanları sabırsızlandırmaya başlamıştı.

Silver de onları sakinleştirmeye çalışıyordu. Bir süre daha yol aldıktan sonra haritada belirtilen çam ağacını bulduk.

Çam ağacının altında bir insan iskeleti

vardı. İskeletin kolları yanlara açılmış, bir yeri işaret ediyor gibiydi.

Silver cebinden pusulasını çıkartarak definenin gömülü olduğu yeri belirlemeye çalıştı.

Az ilerde üç çam ağacının ortasını işaret etti. Korsanlar deli gibi Silver'in gösterdiği yere doğru koşmaya başladılar. Silver bu arada bana iki tabanca vererek dikkatli olmamı istedi.

## KORSANLARDAN ÖNCE DEFİNE BULUNMUŞTU

Korsanlar bir çukurun içine doğru daldılar. Az sonra biz de çukurun başına geldik.

Çukurun içinde tahta parçalarından başka bir şey yoktu.

Korsanlar definenin kendilerinden önce bulunduğunu anlamakta gecikmediler. Silver'e küfür yağdırmaya başladılar.

Hırslarını alamayıp, Silver'in üzerine doğru saldırmaya kalkıştılar.

O sırada birkaç el tüfek sesi korsanlardan ikisinin yere yuvarlanmalarına yol açtı.

Gerçekten de iki korsan cansız yerde yatıyordu.

Doktor ve Benjamin'in dost sesi bana seslenerek korkacak bir şeyin olmadığını söyledi.

Benjamin biz gelmeden önce definenin yerini bulmuş ve sığındığı mağaraya taşımıştı.

Ben gemiyi iplerden kurtarmaya gittiğim sırada Benjamin, Doktorla temasa geçerek hazinenin kendisinde olduğunu bildirmiş.

Beraberce bir tuzak kurarak korsanları pusuya düşürmüşler. Doktor, gizlice Silver'le anlaşarak kendi taraflarına çekmeyi başarmış.

Bana bunu anlattıkları zaman şaşkına döndüm.

Benjamin'in mağarasında bulunan hazineyi gemiye taşımak ve gemiyi onarmak epey zamanımızı aldı.

Adamlarımız yok denecek kadar azdı. Bütün işler benle Silver'in üzerinde kalmıştı.

Gemiyi onardıktan sonra bir sabah yelken

açtık. Sakin bir yolculuktan sonra Güney Amerika kıyılarında bir limana vardık.

Burada gemimize gerekli malzemeleri ve adamları aldıktan sonra Bristol'e doğru yelken açtık.

Bristol'e vardığımızda bizi aramak için kiraladığımız gemi yol hazırlıklarına başlamıştı.

Ben payıma düşen altınlarla hanımıza döndüm. Annem büyük bir kentte yaşamak istemiyordu.

Handa gerekli tamiratı yaparak kasabamızın en büyük hanı hâline getirdim. Bu arada birkaç tane de işçi aldık.

Doktor, altınlarıyla Londra'ya yerleşerek büyük ve güzel bir muayenehane açtı.

Benjamin eline geçen paraları har vurup harman savurdu. Birkaç ay sonra beş parasız kalmıştı.

Kont kendisini yanına kapıcı olarak aldı. John Silver ise Güney Amerika'da uğradığımız limanda yanına bir torba altın alarak kaçmıştı.

Bir daha da kendisini ne gören ne de soran olmuştu. Başımdan geçenleri düşündükçe hâlâ ürpermekten kendimi alamıyorum.

Hele rüyalarıma giren kör adamın değnek sesi ile uyandıkça, kötü bir rüya gördüğümü sanıp tekrar rahat bir uykuya dalıyorum.

SON